¡Sssssshhhhhhhhhhh!

Haz del teatro algo íntimo
Llévalo siempre en el bolsillo

Cubierta y diseño editorial: Éride, Diseño Gráfico
Dirección editorial: ángel jiménez
Coordinador de la colección: Javier Llanos

Primera edición: julio, 2024

Ifigenia
© Silvia Zarco
© VdB®, 2024
Espronceda, 5
28003 Madrid

VdB®

ISBN: 978-84-19850-50-8
Depósito Legal: M-12011-2024
Diseño y preimpresión: Éride, Diseño Gráfico

 Este libro protege el entorno

Ifigenia

Esta obra se representó dentro de la programación
de la 70a edición del Festival Internacional
de Teatro Clásico de Mérida.

Dirección: Jesús Cimarro.

Silvia P. Zarco
Sevilla, 1972

Licenciada en Filología Clásica por la Universidad de Sevilla, desempeña su labor pedagógica como profesora de griego y latín desde hace 28 años en Extremadura. Es autora de adaptaciones de textos grecolatinos de autores como Plauto y Terencio, *Los Gemelos, Truculentus, El Sorteo de Cásina, Aulularia, Cistellaria, Mostellaria, Asinaria, El Gorgojo* y *El eunuco;* Aristófanes, *Asambleístas, La paz;* Sófocles y Eurípides, *Antígona, Electra y Medea.* Sus últimas obra son *Las Suplicantes, Las Bacantes* y esta *Ifigenia* que ahora nos presenta.

Desde 2004 es directora de Párodos Teatro, grupo fijo desde 2007 en los Festivales Grecolatinos juveniles celebrados anualmente en los Teatros Romanos de Mérida, Itálica, Baelo Claudia, Sagunto, Segóbriga y Regina y en otras localidades como Bilbao (Teatro Arriaga.), Gijón (Jovellanos.), Granada (Isabel la Católica.) o La Coruña (Teatro Colón.).

Como autora y docente ha conseguido el Premio Buero Nacional a la versión crítica de la adaptación de la obra Yerma, de Lorca, 2014 y el primer premio Joaquín Sama a la innovación educativa de 2007. Como directora de teatro posee 20 premios nacionales del Ministerio de Educación y Cultura en el Concurso Nacional de teatro grecolatino.

En 2023 realizó estancia formativa en el Centro de Interpretación y Estudio de la Tragedia Griega. (Hydrama Arts Centre, Grecia).

Silvia Zarco

Ifigenia

Esta función se estrenó en el Festival de Teatro de Mérida
el 21 de agosto de 2024 interpretada por
Juanjo Artero (Agamenón), María Garralón (Hécuba),
Beli Cienfuegos (Clitemnestra), Laura Moreira (Ifigenia),
Nuria Cuadrado (Políxena), Alberto Barahona (Ulises),
Néstor Rubio (Aquiles), Rubén Lanchazo (Poliméstor/Anciano)
y Maite Vallecillo (Esclava/Corifeo).

Dirección: Eva Romero.

Una coproducción del Festival Internacional del Teatro Clásico de Mérida
y Maribel Mesón.

A Manuel Zarco

Palabras

Ifigenia, princesa griega, está a punto de ser sacrificada por su padre Agamenón, jefe del ejército, a cambio de la gloria de arrasar Troya. Así comienza *Ifigenia*. Así comienza la mítica guerra. Para nuestra sorpresa, terminará como empezó: con el sacrificio de otra joven, la troyana Políxena. Las madres de las asesinadas, Clitemnestra y Hécuba, reinas de vencedores y vencidos, serán obligadas a desaparecer y callar. Pero no lo harán. Abandonadas por la justicia divina y humana, las madres empuñan sus propias armas...

Ifigenia es una obra trenzada a partir de tres tragedias griegas que cuentan el comienzo, el final y el regreso de la Guerra de Troya. Viajamos hasta ellas porque documentan un hecho crucial que marcará el papel de la mujer en la civilización occidental: el error trágico como especie violenta que un día asumió el uso de la fuerza para apropiarse de cuerpos y de tierras. *Ifigenia* despliega ese momento histórico ante nuestros ojos: las muertes de las hijas Ifigenia y Políxena, kilómetro cero de la violencia contra mujeres y niñas en la literatura

occidental; la marginación de las madres, Clitemnestra y Hécuba, condenadas sin derecho a la presencia y a la palabra....

Ifigenia revive la tragedia poniendo el foco en ellas para romper la malla de invisibilidad y silencio que las atrapó desde el amanecer de los tiempos. *Ifigenia* quiere ser, como aquel teatro de Buero Vallejo, un espejo inquietador en el que reconocer nuestro error y asumir la responsabilidad de mejorar. Porque el futuro pasa por quitar la mordaza al pasado y recontarlo con todos los labios.

Silvia Zarco
Eva Romero

Dramatis personae

AGAMENÓN	Rey de Micenas y jefe supremo de la flota griega.
ANCIANO	Esclavo del rey Agamenón.
ULISES	Jefe de la flota griega.
IFIGENIA	Hija de Agamenón.
CLITEMNESTRA	Reina de Micenas y esposa de Agamenón.
AQUILES	Guerrero griego.
HÉCUBA	Reina de Troya.
POLÍXENA	Hija de Hécuba.
POLIMÉSTOR	Rey de Tracia.
CORIFEO	
ESCLAVA TROYANA	

CORO

 5 4 6

Acto Primero

Escena 0

Representa el sueño de AGAMENÓN *con el que comienza la escena I.*

Palacio de los reyes. Micenas. En penumbra, CLITEMNESTRA *e* IFIGENIA.

CLITEMNESTRA   ¡Ifigenia! ¡Ifigenia!

IFIGENIA   *(Recibiéndola ya abierta.)* ¿Una carta? ¡¿De mi padre?! *(Leyendo.)* ¿Casarme?

CLITEMNESTRA   ¡Con Aquiles! En el puerto de Áulide.

IFIGENIA   *(Vestida de blanco.)* Estoy preparada, madre.

    (Entona una canción infantil que solía cantar de pequeña junto a su padre. En algún momento se une AGAMENÓN.*)*

Escena I

> *Campamento de la flota griega en el puerto de Áulide. Mar y viento en calma. El canto estridente de las chicharras invade un aire caliente irrespirable. En escena, un altar de sacrificios. Tumbado en su lecho, AGAMENÓN entona en sueños la canción junto a su hija IFIGENIA. De repente, se despierta sobresaltado.*

AGAMENÓN   ¡Ifigenia! *(Sale agitado con una tablilla de cera y un punzón en la mano. Nervioso, escribe y borra varias veces hasta que finalmente arroja la tablilla al suelo. Un ANCIANO esclavo lo observa.)* ¡Anciano! ¡Acércate!

ANCIANO   ¿Qué planeas de nuevo, rey Agamenón?

AGAMENÓN   ¿Cuánto falta para que amanezca?

ANCIANO   La estrella Sirio está a mitad de plenitud. Aún puedes descansar un poco. Mañana será un gran día.

AGAMENÓN   Te envidio, anciano. A ti y a cualquier hombre que lleve una vida desconocida y sin fama. Infelices son aquellos que ostentan cargos de honor. La fama es dulce pero atormenta al que la consigue.

ANCIANO   No te engendró Atreo solo para ser feliz. Has de alegrarte y sufrir, ya que has nacido mortal. Tal es la voluntad de los dioses. Pero dime, ¿por qué te precipitas fuera de la tienda y escribes nervioso en esa tablilla? Tus ojos rebosan lágrimas y parece que deliras.

AGAMENÓN   Hace ya dos meses que los griegos me escogieron jefe de esta expedición contra Troya. Dos meses desde que reuní a toda la flota en este puerto. ¿Por qué duerme el mar? ¿Por qué no soplan los vientos?

ANCIANO   Solo los dioses conocen el destino, pero nos lo revelan a través de los adivinos. Ayer consultaste a Calcante, interpretó el oráculo y ahora ya sabes por qué te negaban la navegación. No debiste, Agamenón, ofender a la diosa Ártemis.

AGAMENÓN   (*Con la mirada perdida repitiendo el oráculo.*) La diosa está enfurecida porque di muerte a su cierva sagrada y exige a cambio el sacrificio de un tierno y puro animal. Solo así soplarán los vientos y los griegos arrasaremos Troya.

ANCIANO   No agites más tu corazón. Mañana degollarás una cervatilla en su honor. Todo está preparado junto al altar. Cumplirás lo exigido por la diosa, despertará el mar y tu flota zarpará por fin hacia Troya. Entra y descansa. Mañana será un gran día.

AGAMENÓN   No conoces todo el oráculo, anciano. ¡Ese tierno y puro animal que debo sacrificar es mi hija Ifigenia, a quien yo engendré, porque fui yo quien ofendió a la diosa! ¿Lo entiendes ahora? Ya sabes cuál es mi sufrimiento.

ANCIANO   A tus palabras, mi señor, no doy crédito. ¿Lo sabe el ejército?

AGAMENÓN   Solo Ulises y mi hermano Menelao conocen el oráculo exacto. Cuando terminamos de escucharlo, horrorizado, les ordené disolver el ejército, porque pensé que jamás me atrevería a matar a mi hija. Sin embargo, ellos me presionaron y me incitaron a cometer esa atrocidad. Entonces sellamos un pacto para traer cuanto antes a Ifigenia desde Micenas. Y mandé una carta a mi esposa engañándola. Le ordené que enviara a nuestra hija aquí, al campamento, para casarla con Aquiles, el más digno de mis guerreros. ¡Una boda falsa! Con estas cobardes palabras les he tejido la trampa. Ifigenia está a punto de llegar con su peplo de novia y yo voy a matarla.

ANCIANO   Deliras y delira toda Grecia si consiente
                 que sacrifiques a Ifigenia.

AGAMENÓN   Pensaba en mis hombres. ¿Entiendes? Me
                 aclamaron jefe de esta expedición contra
                 Troya. Miles de hombres dejaron su ho-
                 gar para seguirme. Y pensaba en mi pa-
                 tria y en mi hermano, deshonrados por la
                 ofensa de los troyanos. ¡Esos bárbaros!
                 Vinieron a Grecia, saquearon nuestros ho-
                 gares y se llevaron a Helena.

ANCIANO   ¿Vas a entregar a tu hija a cambio del ho-
                 nor de un hombre y la gloria de una patria?

AGAMENÓN   Perdí el juicio. Pero lo que antes decidí
                 mal, lo he vuelto a escribir bien en esta
                 tablilla. (*Coge la tablilla del suelo y estam-
                 pa su sello.*) Debo impedir que Ifigenia lle-
                 gue al campamento. ¡Vamos! Sal en bus-
                 ca del carro que trae a mi hija y dale esta
                 otra carta. ¡Date prisa! Me dijeron que lle-
                 garía al amanecer.

ANCIANO   Léeme lo que has escrito, para que mi boca
                 pueda darle voz.

AGAMENÓN   «Ifigenia, no sigas hasta el campamento.
                 Regresa a Micenas. Es preciso demorar tu
                 boda para otra época»

ANCIANO   ¿Y Aquiles? Al sentirse privado de la boda
                 ¿No alzará su cólera?

AGAMENÓN   Aquiles no conoce la trampa. Apresúrate, no descanses junto a las fuentes ni te dejes vencer por el sueño.

ANCIANO   Así lo haré. ¡Encontraré a Ifigenia!

(AGAMENÓN *entra en su tienda. El* ANCIANO *se marcha apresurado.*)

Escena II

> ULISES, *que vigilaba la entrada al campa-*
> *mento, intercepta al* ANCIANO. *Forcejeo. Le*
> *quita la tablilla y lo tira al suelo.*

ULISES   ¿Adónde ibas? ¡Eres demasiado fiel a tu dueño!

> (*Rompe el sello y lee la tablilla.*)

ANCIANO   Es terrible tu atrevimiento, Ulises. No debiste quitarme la carta.

ULISES   Ni tú llevarla. Causas un enorme daño a toda Grecia.

ANCIANO   Devuélvemela.

ULISES   Apártate o terminarás bañado en sangre.

ANCIANO   No cederé.

ULISES   ¡Suelta!

ANCIANO   ¡Agamenón! ¡¡¡Agamenón, mi señor!!!

> (*Sale* AGAMENÓN *de su tienda.*)

AGAMENÓN	¿Qué es este griterío ante mi puerta?
ULISES	Mi palabra, y no la de este, es más valiosa para responderte.

(El ANCIANO *se va retirando mientras* AGAMENÓN *lo acompaña con la mirada.)*

AGAMENÓN	¿Por qué lo tratas con violencia?
ULISES	Mírame si quieres que te conteste. *(Mostrando la tablilla.)* ¿Ves esto? He descubierto los males que planeabas en secreto.
AGAMENÓN	¿Quién te dio el derecho para romper el sello?
ULISES	¿Y a ti a romper el pacto desobedeciendo el oráculo? ¡Estás delirando!
AGAMENÓN	Apártala de tus manos.
ULISES	No sin antes haber contado al ejército lo que has escrito en ella.
AGAMENÓN	¿Ahora te dedicas a espiarme?
ULISES	Vigilaba la entrada al campamento, por si llegaba tu hija.
AGAMENÓN	¿No se me va a permitir mandar en mi familia?

ULISES

Bien temía que pesara más en ti la condición de padre que el deber para con tus hombres. Fácilmente cambias de parecer. En un instante piensas una cosa, otra antes y otra ahora. La traición es siempre hija de una mente desordenada.

AGAMENÓN

¡Tu lengua es hábil, pero odiosa e irritante!

ULISES

Espero que tu hija llegue al campamento. El altar está preparado. Respeta a los dioses.

AGAMENÓN

No quiero creer en los dioses. Los vientos llegarán antes que las ruedas del carro de Ifigenia. ¡Vete!

ULISES

Tu mente traicionera ha de escuchar primero mis razones. Cuando hace meses congregaste aquí a la flota, tus hombres, al ver que los dioses negaban la navegación, te reclamaban volver a casa. ¡Qué angustiado estabas porque, jefe de mil navíos, no ibas a colmar de lanzas la tierra de Príamo! Pero nada hiciste. Me mandabas llamar y me decías: «Ulises, ¿qué haré? ¿Qué salida encontraré para no perder el mando y la gloria de arrasar Troya?». Y hace tan solo unas horas, cuando Calcante pronunció el oráculo, pensaste en disolver el ejército; pero rápida se alzó tu ambición y prometiste sacrificar a tu hija. Con el pretexto de una falsa boda con Aquiles ordenaste a tu esposa que enviara aquí a Ifigenia. Y ahora… ahora nos traicionas. ¡Las mentes cambiantes no deberían ocupar cargos de responsabilidad!

AGAMENÓN   Si pudieras ver tu rostro… tu mirada rebosa odio y está llena de sangre. ¿A qué viene tanto furor? Dime. ¿Por qué debe Grecia arrasar Troya? ¿Para devolver el honor a mi hermano rescatando a su esposa, una insensata que se dejó seducir? Si acepté el mando y he cambiado de pensamiento ¿estoy loco por ello? Di a los soldados que los traiciono, que tomen a otro jefe que acepte degollar a alguien de su casa. No marcharé a Troya para rescatar a la mujer de mi hermano mientras mis noches se bañan de llanto por haber matado a mi hija.

ULISES   No decidiste apoyar a tu hermano solo por devolverle su honor de humillado esposo. ¿Mil naves para rescatar a una sola mujer? ¿Una? No. Grecia solo necesitaba una excusa. No es Helena el único tesoro en Troya. Recuerdo la ambición en tus ojos cuando se aprobó esta expedición.

AGAMENÓN   ¡Pues emprende tú esta guerra, toma tú el mando y marcha a Troya, la ciudad rica en oro! ¡Enriquécete, si es eso lo que te place!

ULISES   No ambiciono riquezas. Lloro por Grecia que, preparada para la gesta gloriosa de arrasar Troya, va a dejar que esos bárbaros se burlen de ella por culpa de ti y de tu hija. El que se guía solo por su propio interés no puede estar al frente de un ejército. Desprecias a los amigos que decidimos apoyar tu causa.

AGAMENÓN   Porque pretendéis convertirme en el asesino de mi hija.

ULISES   Es la diosa, no tus hombres, quien exige que sacrifiques a Ifigenia. Diste muerte a su cierva. ¿Lo recuerdas?

AGAMENÓN   Grecia delira contigo por obra de algún dios.

(Mutis a la tienda. Amanece. Entra agitado el ANCIANO. *Trae un baúl de boda.)*

ANCIANO   ¡Agamenón, mi señor! ¡Ha llegado el carro que trae a tu hija Ifigenia! No viene sola. La acompaña su madre Clitemnestra.

AGAMENÓN   ¡Bajo qué yugo del destino he caído!

ULISES   Las ruedas del carro llegaron antes que el viento.

AGAMENÓN   ¿Cómo recibiré a mi esposa? ¿Con qué rostro afrontaré su mirada? Me ha perdido al presentarse sin ser llamada. Y en cuanto a ti, Ifigenia, feliz doncella que nada sospechas… me parece oírte suplicar: «¡Padre! ¿Vas a matarme?». (*Aparte.*) Pesado es mi destino si no obedezco a los dioses. Pero pesado es igualmente si debo sacrificar a Ifigenia manchando mis manos paternas con la sangre de su cuello. ¿Cuál de las elecciones está exenta de males?

ULISES   ¡Traicionas a tu patria y a tus hombres! Recurriré a otros medios, el ejército conocerá el oráculo y sabrá las palabras que guarda esta carta.

AGAMENÓN   ¿Cómo transformarme en un desertor abandonando a mis compañeros? ¡Perdóname, hija! Si despierta a los vientos, este sacrificio es justo desearlo. ¡Que todo salga bien! (*A* ULISES.) Que arda el fuego sagrado. ¡Alabad a la diosa! A costa de mi sangre y por ser necesario, voy a degollar a mi hija y a cumplir el oráculo. (*Al* ANCIANO.) Anciano, entra en la tienda y prepara mi cetro y mi manto.

             (*Mutis.*)

ULISES   Reforzarás tu prestigio. Traerás la victoria a los griegos y harás inmortal el nombre de Agamenón.

(*Mutis.*)

ANCIANO   (*Mientras le coloca el manto.*) Señor, ¿quién te obliga?

AGAMENÓN   Toda la flota aquí reunida. Temo a la multitud enfervorecida.

ANCIANO   Envía a Ifigenia de regreso a Micenas.

AGAMENÓN   Te olvidas de Ulises. Lo imagino en medio del enjambre de soldados aclarando el oráculo y también mi promesa de sacrificar a Ifigenia. Después leerá la tablilla que te arrebató de las manos. Levantará al ejército contra mí y no podré salvar la vida de mi hija. Y si huimos a Micenas, nos seguirán y darán muerte a toda mi familia.

             (*Aparece* IFIGENIA *sola. Viene con una corona de boda. Mutis del* ANCIANO *que lleva el baúl a la tienda.*)

Escena III

IFIGENIA	*(Desde lejos.)* ¡Padre!
AGAMENÓN	¡Terrible destino me imponen los dioses!
IFIGENIA	*(Abrazándose.)* ¡Padre! ¡Puedo oír tu corazón! *(Extrañada ante su frialdad.)* ¡Dame tus brazos! ¿No te alegras al verme?
AGAMENÓN	Me alegro.
IFIGENIA	No dicen eso tus ojos. ¿Por qué es triste tu mirada?
AGAMENÓN	Muchas preocupaciones tiene un rey y jefe del ejército.
IFIGENIA	*(Haciendo cosquillas.)* Pues ahora las olvidas y te dedicas solo a mí.
AGAMENÓN	Me rindo. Ya estoy en cuerpo y alma contigo. Siempre me sacas una sonrisa.
IFIGENIA	Y también una lágrima. ¿Estás llorando?
AGAMENÓN	Porque larga será nuestra separación.

IFIGENIA   ¿Por qué piensas ahora en lo que vendrá
               después?

AGAMENÓN   Al hablar con sensatez, me empujas más
               al llanto.

IFIGENIA   Pues entonces diré tonterías. ¿Quieres
               eso?

AGAMENÓN   Quiero.

IFIGENIA   Quédate en Micenas con tus hijos. No va-
               yas a la guerra.

AGAMENÓN   Eso deseo. Y me duele no poder hacerlo.

IFIGENIA   Si todo esto es por el honor de tu herma-
               no. Déjalo a él con los soldados. Que lu-
               chen ellos en Troya. A veces no entiendo
               a los hombres.

AGAMENÓN   Son los dioses quienes escogen nuestro
               destino.

IFIGENIA   Cuando navegues, padre, ¿cuánto te ale-
               jarás? ¡Ojalá pudiera acompañarte!

AGAMENÓN   Tú también debes emprender un largo
               viaje.

IFIGENIA   ¿Viviré muy lejos de ti? ¿Tardaré en vol-
               ver a verte?

AGAMENÓN	Hay cosas que las doncellas no debéis saber.
IFIGENIA	Está bien; pues entonces te ordeno navegar pronto y así pronto estarás de regreso.
AGAMENÓN	Antes, debo hacer un sacrificio a la diosa por tu boda.
IFIGENIA	Déjame ayudarte.
AGAMENÓN	Estarás a mi lado.
IFIGENIA	¿Danzaré alrededor del altar?

(AGAMENÓN *ve llegar a lo lejos a* CLITEMNESTRA.)

AGAMENÓN	Entra en la tienda y prepara tus ofrendas. Vendré por ti al atardecer. (IFIGENIA *va hacia la tienda.*) ¡Ifigenia! Dame tu mano. Y un beso.

(AGAMENÓN *se abraza a ella, llora y ambos musitan la canción. Mutis de* IFIGENIA.)

Escena IV

CLITEMNESTRA	Rey Agamenón, te saludo. Aquí estamos cumpliendo la misión que me encargaste.
AGAMENÓN	A ti, reina, te pido perdón si me he conmovido demasiado al pensar en la entrega de nuestra hija. Afortunada es la separación, sin embargo desgarra a los padres.
CLITEMNESTRA	No soy tan insensible que no comparta tu dolor. Yo sufriré lo mismo. Pero la costumbre junto al tiempo mitigará la pena. Conozco de nombre al futuro esposo: pero dime, ¿quién educó a Aquiles?
AGAMENÓN	El centauro Quirón, para que no aprendiera los hábitos de hombres perversos. Escogí al más noble de los guerreros.
CLITEMNESTRA	¿Qué día será la boda?
AGAMENÓN	Cuando la luna llegue a su plenitud.
CLITEMNESTRA	Siendo así, Ártemis la bendecirá. ¿Hiciste ya los sacrificios en favor de la novia?

AGAMENÓN   Todo está preparado junto al altar. Serán al atardecer. Ahora escucha y procura obedecerme.

CLITEMNESTRA   Siempre lo hice.

AGAMENÓN   Yo entregaré a Ifigenia el día…

CLITEMNESTRA   *(Interrumpiendo.)* ¿Y dónde estará mientras tanto su madre?

AGAMENÓN   En Micenas, cuidando de tus hijos. Regresarás hoy mismo.

CLITEMNESTRA   ¿Qué dices?

AGAMENÓN   No voy a consentir que la mujer de Agamenón se mezcle con la tropa. Esto es un campamento lleno de hombres.

CLITEMNESTRA   ¡Yo di a luz a Ifigenia! Es mi deber de madre llevar la antorcha.

AGAMENÓN   Y también no descuidar a tus otros hijos. Vete a casa y calla. ¡Que obedezcas te digo!

CLITEMNESTRA   ¡No! No. Tú, gobierna cielo, tierra y mar, que yo cuidaré de mi hogar.

(Entra en la tienda.)

AGAMENÓN   En vano luché por alejarte de mi maldad. ¿En qué fiera me he convertido? Mi mente fría no deja de urdir engaños contra los que más amo. (*El* ANCIANO *sale de la tienda con un cántaro para llenarlo de agua y oye sin ser visto a* AGAMENÓN.*)* ¡Rápido! ¡Voy en busca de Calcante! Si el destino me impone cometer este bárbaro sacrificio, que la sangre se derrame cuanto antes.

(*Mutis.*)

Escena V

Entra AQUILES *y pregunta al* ANCIANO.

AQUILES   ¿Dónde está el jefe del ejército? Anúncia-
                 le que Aquiles, rey de los mirmidones,
                 quiere hablarle. Mis hombres están a pun-
                 to de rebelarse hartos de sacrificar inútil-
                 mente animales a los dioses. La flota debe
                 zarpar o regresar al hogar. Agamenón
                 debe tomar de inmediato una decisión.

                 (Sale CLITEMNESTRA *al oír a* AQUILES. *El*
                 ANCIANO *se queda llenando el cántaro de
                 una tinaja.)*

CLITEMNESTRA   ¡Hijo de la divina Nereida! Te saludo.

AQUILES   ¿Una mujer noble en un campamento de
                 hombres? ¿Quién eres?

CLITEMNESTRA   Clitemnestra es mi nombre. Mi esposo, el
                 rey Agamenón.

AQUILES   En pocas palabras has dicho lo oportuno.
                 Debo retirarme.

CLITEMNESTRA   ¡Aquiles! No te marches. Tu pudor es digno de tu educación. Pero conmigo ya no has de avergonzarte. Acércate. Dame tu mano diestra.

AQUILES   ¿Por qué he de hacerlo? Temería a Agamenón si tocara lo que no es lícito.

CLITEMNESTRA   Muy lícito es, puesto que vas a casarte con Ifigenia.

AQUILES   Reina Clitemnestra, yo jamás pretendí a tu hija ni recibí de tu esposo propuesta alguna de boda.

CLITEMNESTRA   ¿Cómo?

AQUILES   Te sorprenden mis palabras. Y para mí son extrañas las tuyas. Haz conjeturas. Tal vez alguien se ha burlado de ti y de mí.

CLITEMNESTRA   Vete, Aquiles. Ahora soy yo quien siente vergüenza. He sido traicionada y humillada.

AQUILES   No solo tú. Voy a buscar a Agamenón.

(El ANCIANO *deja caer el cántaro que se hace añicos.*)

ANCIANO   ¡Aquiles! Escúchame. Y tú también, Clitemnestra. (*A* AQUILES.) Soy un fiel servidor de la reina y menos de su esposo.

AQUILES   Revélanos entonces lo que quieres decir. No vaciles.

CLITEMNESTRA   (*Le toma la mano.*) No tiembles. ¿Qué sucede?

ANCIANO   A tu hija el padre que la engendró va a matarla.

CLITEMNESTRA   Tu mente de anciano sin duda desvaría.

ANCIANO   Piensa degollarla esta tarde sobre el altar.

CLITEMNESTRA   Borra esas palabras de tu boca. No puede ser cierto este horror. ¿Es que delira mi esposo?

ANCIANO   Tiene cordura, excepto para ti y para tu hija.

AQUILES   ¿Qué dios perverso ha nublado el pensamiento al jefe del ejército?

ANCIANO   El oráculo. Si ella muere, Agamenón obtendrá la victoria en Troya.

CLITEMNESTRA   Degollada como un ternero de sacrificio.

AQUILES   La boda era el pretexto para traerla desde Micenas. Tu esposo revela una crueldad inaudita.

CLITEMNESTRA   Dime, ¿cómo averiguaste lo que afirmas?

ANCIANO
El rey me ordenó salir al encuentro de tu hija y darle otro mensaje distinto del primero para que finalmente no llegara hasta el campamento.

CLITEMNESTRA
¿Y por qué no se la diste?

ANCIANO
Me la quitó Ulises, ese agitador del ejército. Lo siento, lo siento.

CLITEMNESTRA
¡Hijaaaa, acudes a tu muerte; tú, y tu madre contigo! (*El* ANCIANO *y* CLITEMNESTRA *se abrazan. Los gritos despiertan a* IFIGENIA, *que se asoma asustada a la puerta.*) ¡Hijo de la Nereida! ¿Lo oyes? ¡Van a matar a mi hija en tu nombre!

AQUILES
Tan grandes son tus lamentos como mi rabia. A mí también me afecta tu desgracia. No voy a soportarlo sin más.

CLITEMNESTRA
¡¡¡Mi hija… sacrificada con la bendición de su padre!!! Te lo suplico, Aquiles. Apiádate de nosotras. Para ti la cubrí con su velo de novia, contigo pensaba que iba a casarla y sin embargo la traigo para que sea degollada. Hijo de la diosa, no tengo otro altar donde refugiarme sino en tus rodillas. Dos mujeres solas en medio de un enjambre de hombres sedientos de sangre. Une tu mano a la mía y salva la vida de mi hija.

(El Anciano *lleva a* Ifigenia *dentro de la tienda.)*

AQUILES   Siento que mi corazón se enfurece. Sin embargo, educado por Quirón, he aprendido a tener rectitud y nobleza en mi carácter. Obedeceré a Agamenón cuando sus órdenes sean justas. Aquí y en Troya mostraré mi valor y daré gloria a Grecia con la lanza. Pero no usará tu marido mi nombre para llevar a término esta trampa. ¡Jamás será degollada por su padre la doncella que iba a ser mi mujer! Agamenón es el culpable y, a pesar de ello, ya no quedará sin mancha mi persona. Sé que, al luchar contra el oráculo, resultaré el más impío y vil de los griegos. Pero mi rectitud y mi compasión me empujan a ello. Ante mí tengo un combate único: defender lo que considero justo. ¡Por Tetis que me dio a luz juro que no rozará Agamenón la piel de Ifigenia ni pondrá un solo dedo sobre su peplo! Queda en calma. Como un dios, con toda su grandeza, he aparecido ante ti. No lo soy, pero intentaré serlo.

CLITEMNESTRA   ¿Cómo podré ayudarte?

AQUILES   Pídele que reflexione y trata de que recobre la cordura. Suplícale que no la sacrifique. Tratemos de evitar la violencia. Y si se resiste, entonces has de acudir a mí. Estaré cerca, junto a las naves de los mirmidones.

(*Mutis.*)

CLITEMNESTRA Así será. Si existen los dioses, premiarán tu dignidad.

(*Entra* AGAMENÓN.)

Escena VI

AGAMENÓN   Hija de Leda, haz que Ifigenia salga cuanto antes de la tienda.

CLITEMNESTRA   ¿Por qué tanta prisa?

AGAMENÓN   Ya está avivado el fuego para los sacrificios en honor a la novia.

CLITEMNESTRA   ¡Triste desgracia cuando los actos no encajan con las palabras! ¡Sal, hija! Te busca tu padre. (*Sale* IFIGENIA.) ¡Mira! Ya está aquí, obedeciendo tus órdenes.

AGAMENÓN   ¿Hija, por qué fijas tu mirada en el suelo y te cubres con el velo?

CLITEMNESTRA   Responde a lo que voy a preguntarte...

IFIGENIA   (*Adelantándose a la pregunta de su madre.*) ¿Vas a matarme, padre?

AGAMENÓN   ¿Quién te engaña, Ifigenia? Sospechas lo que no debieras.

CLITEMNESTRA   Ten calma y responde. ¿Vas a matarla? (AGAMENÓN *rehúye la mirada, mientras respira agitado.*) Tu silencio y tu respiración salvaje me bastan.

AGAMENÓN ¿Para qué alimentar mi dolor con más mentiras?

CLITEMNESTRA Siempre deseaste dominar, aunque tuvieras que matar por ello. Me obligaste a casarme contigo. ¿Cómo? Mataste a mi primer esposo. Y también a mi hijo recién nacido. Mientras lo amamantaba, arrancándolo de mi pecho, lo estrellaste contra el suelo. Me uní a ti y he dado la vida a cuatro hijos. Y ¿tú? Tú se la quitas. ¡Vas a matar a tu hija! ¿Por qué? ¡Por el honor de tu hermano! ¡Por la gloria de Grecia! ¡Por la muchedumbre sedienta de sangre! ¡Por la voz agorera de Calcante! ¿O acaso por tu ambición, rey Agamenón? Mátala. Corre hacia las olas que levantará el ansiado viento y emprende mil batallas con tus lanzas y con tu soberbia. ¿Qué corazón piensas que te aguardará en palacio cuando vea vacíos los lugares en que ella se sentaba, vacías sus habitaciones de doncella? ¿Y qué diré a sus hermanos? Sábete que les repetiré como una macabra letanía: «la mató vuestro padre con sus negras manos». Algún día acabará la guerra y regresarás a Micenas. Bastará un breve pretexto para que ellos y yo te recibamos como mereces. ¿Hacia dónde vas a mirar cuando le cortes el cuello y brote la sangre? Por los dioses, no siembres la venganza en mis entrañas ni pudras tu alma.

IFIGENIA

Ojalá pudiera, como Orfeo, entonar un canto que conmoviera hasta las piedras. O susurrar siquiera nuestra canción. Pero mi mente no es capaz. Llorar es todo lo que puedo ofrecerte. Y abrazarme a tu cuerpo como una rama a su árbol. A tus rodillas me abrazo suplicante. No me condenes a hundirme en las tinieblas. Es dulce ver la luz. Fui la primera en llamarte padre, la primera en regalarte cosquillas y caricias mientras me decías: «Ifigenia, ¿seguiremos entonando juntos nuestro canto cuando tú te hayas casado y yo sea un anciano?». En mi recuerdo están vivos aquellos momentos, pero tú los olvidaste y quieres matarme. ¿Qué tengo que ver yo con el honor de un hombre y la fama de una patria? ¿De dónde ha venido mi muerte, padre? ¿Por qué no me miras? No quiero morir. Quiero conocer el amor. Levanta la cabeza, déjame ver tus ojos y dame un beso, para que al menos, si no accedes a mi ruego, conserve en mi memoria ese recuerdo. ¡Mírame, padre!

AGAMENÓN

¡No soy un criminal! Amo a mis hijos. Entregaría mi cuello en lugar del tuyo ahora mismo, pero los dioses escogen el destino.

Mi dolor es igual a mi deber. Me atormentan las pesadillas pensando en el horror que voy a cometer, pero también sería terrible no hacerlo. Mira este enorme ejército. Mil naves repletas de escudos, lanzas, fuego. Un enjambre de hombres armados sedientos de guerra, a quienes los dioses han prometido arrasar Troya si tú mueres, Ifigenia. Nada podrá detenerlos. Si no cumplo con el oráculo, no solo te matarán a ti, sino también a tu madre y a tus hermanos. No es por Menelao, sino por nuestra patria. Es algo más fuerte que nosotros. De ti y de mí depende que Grecia sea libre y que nunca más nuestros hogares sean saqueados. Si este sacrificio es el único camino para la libertad, así sea.

(Mutis.)

CLITEMNESTRA ¡Traidor! ¡Cobarde! ¡Detente! ¡Huyes como una serpiente de sangre fría!

(Corre hacia su hija y la abraza.)

IFIGENIA *(Viendo a alguien a lo lejos.)* Madre, se acerca un soldado. Siento un dolor muy hondo en el pecho. Agárrame fuerte y no me sueltes.

Escena VII

AQUILES   ¡Hija de Leda! Un grito unánime retumba entre el ejército. Se trata de tu hija. Rugen como fieros leones pidiendo su sangre. Afilan como garras sus lanzas y se preparan para atrapar la presa.

CLITEMNESTRA   ¿Y nadie se opone?

AQUILES   Yo lo hice. Pero a punto estuve de perder la vida.

CLITEMNESTRA   ¿Por querer salvar a mi hija?

AQUILES   Me acusan de dejarme seducir por la boda.

CLITEMNESTRA   La muchedumbre es un monstruo terrible.

AQUILES   (*A* IFIGENIA.) A pesar de todo, ninguno de ellos pondrá sobre ti sus pesadas manos.

CLITEMNESTRA   Que los dioses bendigan tu nobleza. ¿No morirá mi hija?

AQUILES   Mientras yo viva y vean mis ojos la luz en la tierra.

(Se oye a los soldados.)

CLITEMNESTRA   Ya se acercan. ¿Qué debo hacer?

AQUILES   Abrázate fuerte a ella. Que no puedan des-
               pegar tu cuerpo de su peplo. (*Entra* ULI-
               SES *con el ejército y* AGAMENÓN *con su ce-
               tro. A* AGAMENÓN.) Amargo metal escon-
               des bajo el manto. ¿Qué clase de hombre
               es capaz de una acción tan baja? Me has
               ultrajado. Escribiste el nombre de Aqui-
               les como anzuelo porque sabías que tu
               mujer enviaría a Ifigenia. ¿Por qué nadie
               me consultó? No me habría negado a co-
               laborar por el bien común de aquellos con
               los que emprendí esta expedición. Pero,
               al parecer, nada soy, al menos para los que
               gobiernan el ejército, y poco os importa
               actuar o no actuar bien conmigo. ¡Pron-
               to sabrá mi espada que, antes de llegar a
               Troya, será salpicada de sangre mortal, si
               alguien va a arrebatarme a tu hija!

ULISES   ¿Cómo te atreves, joven arrogante, a ame-
               nazar al jefe del ejército?

AQUILES   (*A* AGAMENÓN.) Los dioses y los hombres
               te dieron ese cetro para empuñarlo con
               justicia. Y sin embargo, tus manos van a
               cometer un acto injusto, impuro y sacrí-
               lego. Tengo el derecho a desatar mi cóle-
               ra. ¡No pasaréis de aquí!

               (*Desenvaina la espada.*)

ULISES	¿Pretendes cerrarnos el paso, insolente? Guarda tu espada y aprende a manejar tu rabia. ¡¡¡Agarradlo!!!
AQUILES	¡Insensatos! Tal será el sacrilegio que habrá de recordaros a través de los tiempos.

(Lo apresan y se disponen a encender el fuego.)

CLITEMNESTRA	¡Prended el fuego y quemad mi cuerpo!
ULISES	Apresad a la reina y poned sobre el altar a Ifigenia.

(Los soldados se van acercando a IFIGENIA.*)*

IFIGENIA	¡Malditas sean vuestras lanzas! ¡Y Malditas vuestras manos por empuñarlas! ¡Padre!, ¿vas a matarme?
AGAMENÓN	De ti y de mí depende que Grecia sea libre, hija.
IFIGENIA	¡No me nombres más tu hija! ¡Matadme, sí, matadme! Y arrasad Troya. Esta será mi boda. Estos, mis hijos. Esta, mi fama. (*A* CLITEMNESTRA.) Madre, escúchame y tú también, Aquiles: en vano sufrís pretendiendo lo imposible. Nadie puede impedirlo. Está decretado que yo muera.
ULISES	¡Vamos! ¡Preparad su cuello!

(Los soldados apresan a Ifigenia.*)*

CLITEMNESTRA ¡Dioses del cielo! ¡¿Es que nadie va a liberarla?! ¿Adónde huyó la justicia? (*A* Agamenón.) Una bilis negra está inundando mis entrañas. Vomitará sobre ti una enorme desgracia.

AGAMENÓN El dolor te hace desvariar. ¡Calla de una vez!

ULISES ¡Basta! Ponedle una mordaza.

IFIGENIA ¡Madre! No cortes tu cabello ni te cubras con vestidos negros. ¡¡Padre!! ¡¡No cortes mi cuello!! ¡¡Padre!!

AGAMENÓN Si este sacrificio es el único camino para la libertad, así sea. (*La tumban sobre el altar. Se inicia el sacrificio.*) ¡Hija de Zeus, Ártemis cazadora de fieras! Recibe la sangre intacta de esta pura garganta virginal que te ofrenda el ejército con el rey Agamenón. Concédenos soltar amarras y arrasar esa tierra bárbara. No regrese yo a mi patria sin haber entregado a las llamas la ciudad de Príamo. ¡Que arda Troya, mueran sus hombres y sean sus mujeres esclavas en nuestras casas! (Agamenón *degüella a* Ifigenia.) Ansiado viento, por fin te oigo, por fin te tengo.

CORO   Ni súplicas ni gritos de «padre»
ni siquiera su edad virginal,
de nada le valieron ante esos
jefes dispuestos para la guerra.
Usando una violencia brutal,
como a una fiera sobre el altar
degollaron el cuello a Ifigenia.

Se abre una grieta en la tierra,
las entrañas de las madres gritan.
Con tu muerte muere la justicia
la antigua justicia de la tierra,
la de las madres, la de la vida.
Llega al trono el poder de la fuerza.
Cuenta ahora, oh musa, la cólera funesta
que mil naves llevaron a Troya desde Grecia
después del brutal sacrificio de Ifigenia.
Soplan sonoros los vientos y despierta el mar.
Crepitan las quillas. Henchidas están las velas.

¡Soltad anclas y amarras! ¡La flota va a zarpar!
¡Rumbo a la fértil Troya, que el fuego arrasará!
¡Por la gloria de Grecia! ¡Por el rapto de Helena!
Grecia no tolera que unos bárbaros la ofendan.
Como un gran nubarrón, preñado de tempestad,
llega amenazante y descarga negra tormenta,
de igual modo las mil naves de griegos repletas
atracaron en Troya con ansias de matar.

Diez años de guerra.
Diez años. Y todos sus días.
Diez años. Y todas sus noches.
Diez años. Y todos sus cadáveres.

Diez años. Y toda su barbarie.

Y ahora… ahora arde Troya.
Troya, la ciudad rica en oro.
Troya, la de anchas murallas.
Troya, criadora de caballos.
Ya no existes.

¡Agamenón arrasó la tierra de Hécuba!
¡Que zarpe la flota de regreso a Grecia!

Acto Segundo
Escena 0
Han transcurrido diez años. Madrugada.
Playa de Troya. Calma.

> *Acaba de terminar la guerra. Los griegos*
> *han vencido. La ciudad está arrasada y las*
> *mujeres troyanas esperan ser embarcadas*
> *rumbo a Grecia donde servirán como escla-*
> *vas. Entre las naves de la flota griega,* AGA-
> MENÓN *descansa.*

SOMBRA DE IFIGENIA   ¿Duermes, Agamenón, y me tienes
olvidada? ¡Despierta! ¡Levántate ensegui-
da! ¡Has arrasado Troya con tus hombres!

AGAMENÓN   ¿Quién eres?

SOM. IFIGENIA   *(Apareciendo.)* La sombra de Ifigenia.

AGAMENÓN   Zeus inmortal. ¿Por qué asaltas mi sueño
con este espectro?

SOM. IFIGENIA   ¡Has ganado la guerra! ¿Por qué tu flota
está varada y no regresa a Grecia? ¡Tus na-
ves esperan repletas de oro y las mujeres
troyanas aguardan ser embarcadas como
esclavas! ¿Por qué demoráis la partida?
¿Acaso no soplan los vientos?

AGAMENÓN   ¡Aléjate! Zarparemos al atardecer.

SOM. IFIGENIA   Antes, una madre llorará sobre dos cadá-
                veres y aceptarás el sacrificio de otra vir-
                gen. La historia se repite, padre. De nuevo
                tu manada de lobos aúlla sedienta de san-
                gre. ¿No vais a contener nunca vuestra
                saña? ¿No fue suficiente con degollar mi
                garganta?

AGAMENÓN   ¡Vete, visión maldita!

Escena I

HÉCUBA   ¡Vete, visión maldita!

ESCLAVA   ¿Qué sucede, Hécuba?

HÉCUBA   Un terror nocturno despertó mi sueño. ¡Levantadme, troyanas! Levantad a la que fue reina de Troya, pero hoy es tan esclava como vosotras. ¡Noche tenebrosa! ¿Por qué me asaltas con terrores y sombras? ¡Dioses infernales! Alejad de mí la horrible visión que he tenido… mi hijo pequeño, al único que salvé de esta guerra, y mi hija Políxena… Nunca mi alma sintió tanto horror. He visto cómo un lobo arrancaba de mi regazo a una cervatilla y con sus zarpas…

POLÍXENA Madre, no sigas. Olvida ese sueño de alas negras.

HÉCUBA   He visto el cuerpo de tu hermano pequeño…

POLÍXENA Mi hermano está a salvo en Tracia. Tú lo salvaste. Lo enviaste junto al mejor huésped de mi padre, al palacio de un rey amigo. Cuando todo empezó, Polidoro era apenas un recién nacido. (*Sonriendo.*) Tranquila. ¡Mira! Ya asoma la aurora. Es como un velo azafrán que va tiñendo el mar. Deja que me acerque a la orilla. (*Mientras se adelanta.*) Madre, ¿es Tracia aquella costa que se ve frente a la nuestra?

(*Se aleja hacia la orilla.*)

HÉCUBA
Sí, hija. Podrías llegar nadando a ella. (*Para sí.*) Ruinas y cenizas humeantes. Este olor a sangre y sal. Proas de naves griegas que vinieron con la excusa de rescatar a Helena y han arrasado mi tierra. Troya ya no existe. Ya no soy su reina.

(*Viene muy agitada desde el campamento una* ESCLAVA *troyana.*)

ESCLAVA
Hécuba, cuando ayer nos arrastraron hasta aquí, oí decir a un soldado que al amanecer seríamos sorteadas. Se revolvía mi mente pensando en qué casa serviría como esclava, qué dueño rozaría mi cuerpo. No podía dormir y decidí acercarme a escondidas hasta el campamento griego. Hécuba, allí escuché algo… en la asamblea de los soldados. Han acordado sacrificar a una virgen para honrar la tumba de Aquiles. Una multitud enloquecida, que decía haber visto la sombra del propio héroe, exigía que la víctima fuera Políxena. Agamenón, en cambio, se negaba y te defendía;

pero ellos lo acusaban de querer ayudarte porque ahora el rey comparte lecho con tu hija Casandra. Finalmente, Ulises inclinó la balanza a favor del miedo: ¿ofenderéis, griegos, a los dioses y a los muertos? Hécuba, ese agitador del ejército viene de camino para hablar contigo.

Escena II

HÉCUBA   ¿Qué lamentos debo entonar? ¡Maldita vejez! ¡Maldita esclavitud! Sin patria, sin hijos, sin esposo… ¿Quién va a ayudarme? ¿Qué linaje? ¿Qué ciudad?… (*Recomponiéndose.*) ¿Por qué vinieron los griegos a Troya? ¿No fue por Helena? ¡Que la sacrifiquen a ella! (*Viendo a lo lejos a ULISES.*) ¡Políxena! (*A la esclava.*) Agarra a mi hija y entrad en la tienda, Ulises se acerca. (*A* ULISES, *que llega con una cadena y una lanza.*) Demasiado temprano llegas. ¿Qué palabras guarda tu boca?

ULISES   Llego como mensajero de una cruel noticia.

HÉCUBA   Ningún temor cabe ya en un viejo corazón que rebosa desgracias y que debió pararse hace tiempo. Fui reina y esposa real, parí hijos ilustrísimos. Los he visto morir y he cortado mis cabellos para depositarlos en sus tumbas. He llorado a su padre Príamo presenciando su muerte. Crié hijas vírgenes destinadas a ilustres esposos y ahora las arrancan de mi regazo. Siendo vieja, soy esclava… Ayer las mujeres troyanas fuimos apresadas a punta de lanza

y muchas fueron violadas por tus soldados. ¿Y aún os queda daño? Si vienes por
fin a encadenarme. ¡Adelante! ¡Aquí tienes mis manos! Pon las cadenas cuanto
antes.

ULISES   Habéis sido sorteadas. La flota griega zarpará al atardecer. Pero antes honraremos
la tumba de Aquiles degollando a una virgen. La propia sombra de Aquiles se apa-
reció ante nosotros exigiendo el sacrificio. Tu hija Políxena ha sido elegida como
víctima. Entregará su cuello para honrar
al más valiente de nuestros guerreros. (Hé-
CUBA *trata de impedir que se lleve a* POLÍ-
XENA.) Hécuba, no te opongas a la deci-
sión de los griegos, ni me obligues a uti-
lizar la fuerza.

HÉCUBA   Dioses del inframundo ¿Por qué estando
muerta habito la tierra? Llevadme al Ha-
des. ¡Que se abra este suelo bajo mis pies
y engulla mi carne! Acércate. Más cerca.
Clava tu lanza en mi pecho. Mátame. ¡Haz-
me caso!

ULISES   Ahora eres una esclava. No me des órdenes.

HÉCUBA   ¿Recuerdas, Ulises, cuando yo era reina y
tú entraste en Troya como espía? Defor-
me, con andrajos, ensangrentado.

ULISES   Lo recuerdo.

HÉCUBA   ¿Y recuerdas que Helena te reconoció y
                me reveló quién eras?

ULISES   Pensé que iba a morir y me abracé a tus
                rodillas.

HÉCUBA   Y en lugar de ordenar tu muerte, ¿yo qué
                hice?

ULISES   Curaste mis heridas y me sacaste a escon-
                didas de Troya.

HÉCUBA   ¿¡Y por qué ahora me pagas con tanto
                mal!? Es repugnante traer la muerte a
                quien te salvó la vida. Aquí, en Troya, sa-
                crificamos bueyes. ¿Qué macabra costum-
                bre es esa de cortar el cuello a doncellas
                inocentes? ¿Quiénes son aquí los bárba-
                ros? ¡Escúchame, Ulises! Coge mi mano,
                ¿Ves? Tiembla y apenas soporta el peso
                de mis dedos, pero es capaz de matar. ¡No
                arranques de mi regazo a Políxena! Ella
                es mi sola sonrisa, mi alivio, mi patria, mi
                bastón… mi guía. Basta de tanta matan-
                za. Los griegos habéis arrasado Troya.
                ¿Diez años de cadáveres amontonados no
                bastaron? A mí me bastó un solo día. Uli-
                ses, vuelve y convence a tu ejército. Tu
                fama y tu lengua evitarán que mi hija su-
                fra esta injusta tortura.

Ulises   A cambio de mi vida, que tú salvaste, estoy dispuesto a salvar la tuya; pero no la de tu hija. Soporta tu dolor. Para los griegos, morir en defensa de la patria es digno de los mayores honores. Sí, en Grecia tenemos la perversa costumbre de cumplir con los dioses y con los hombres. Para vosotros, los bárbaros, el respeto queda muy lejos. Es mejor saquear hogares y raptar mujeres. ¿No es eso? Soportar la esclavitud es el menor castigo que merecéis por vuestro atrevimiento.

Escena III

HÉCUBA

¡Hija mía, Políxena! ¡Sal de la tienda!

(*Se abraza fuerte a ella.*)

POLÍXENA

¡Madre, me asustas! Tienes el horror clavado en el rostro. ¿Qué me ocultas?

HÉCUBA

¡Los griegos han decidido sacrificarte para honrar la tumba de Aquiles!

POLÍXENA

¡Pensabas que tu corazón lo había soportado todo y ahora le brota otro llanto de sangre! (*A* ULISES.) ¡Miserable! (*A* HÉCUBA.) Ya no podré abrazar tu tembloroso brazo ni ser el apoyo de tu anciana esclavitud. Ahora comprendo, madre, la visión que tus ojos tuvieron. Me arranca de tu regazo este lobo carnicero que a zarpazos desgarrará mi cuello.

HÉCUBA

¡Hija mía! ¡Políxena! ¡De nada han valido mis súplicas! ¡Inténtalo tú, hija! ¡Intenta salvar tu vida!

POLÍXENA

¿Por qué ocultas tu rostro y no empuñas con violencia tu lanza? ¡Ánimo! Pronto no estarás tan solo. Vendrá tu enjambre de moscas al olor de esta miel. No temas. No te suplicaré. ¿Por qué vivir? ¿Y si yo deseara morir? No estoy loca, no. Quiero estar muerta bajo tierra. Muerta como mi padre Príamo, el rey de Troya. Muerta como mi valeroso hermano Héctor. Muerta. Y no viva sin vida. Nací libre. Crecí jugando en esta orilla, escuchando el viento dentro de las caracolas y persiguiendo mariposas. Nací libre y ahora soy esclava. ¿Para qué respirar ni un solo minuto más? Ojalá este mar que ya no es más que agua podrida vea pronto cómo se alejan las naves griegas. Soltad amarras, hinchad las velas con vuestra soberbia. Pero antes, ¡matadme! Que yo no regalaré a mi dueño el placer de ver a la hermana de Héctor cocinar su pan y fregar de rodillas el suelo. Tampoco dejaré que otro esclavo comparta mi cama y posea mi cuerpo. ¿Crees que estoy dispuesta a ello? ¡Desde luego que no! Así que ¡llámalos! Que vengan todos tus soldados. Y que el gran Agamenón corte mi cuello de inmediato. (*A* HÉCUBA, *que se interpone.*) Madre, ya no quiero ver la luz. Esta luz es ahora fuego que devora. Morir es para mí una suerte. Para una mujer, no hay peor horror que caer en manos de un soldado enemigo.

HÉCUBA   ¡Clavad el acero en mi cuello!

ULISES   La sombra de Aquiles exige a Políxena.

HÉCUBA   Pues matadme con ella y dos veces será honrado ese a quien llamáis héroe.

ULISES   Basta con la muerte de Políxena. ¡Obedece!

HÉCUBA   (*Abrazando a* POLÍXENA.) ¡Me abrazaré a ella como una encina a la tierra!

POLÍXENA ¡Madre, madre! ¡Abrázame, Agamenón se acerca con los soldados! No llores. Piensa en mi hermano Polidoro, que vive feliz junto a los Tracios. Él cerrará tus ojos y devolverá el esplendor a Troya.

Escena IV

AGAMENÓN *llega con los soldados. Ve a* PO-
LÍXENA *y cree ver a* IFIGENIA. *Aparece la* SOM-
BRA DE IFIGENIA. *Solo* AGAMENÓN *la ve.* PO-
LÍXENA *dice las mismas palabras.* AGAME-
NÓN *permanece hierático mientras* HÉCUBA
llora abrazada a él en actitud suplicante.

POLÍXENA
/SOM. IFIGENIA   Ojalá pudiera, como Orfeo, entonar un canto que conmoviera hasta las piedras. No
me condenes a las tinieblas bajo tierra. ¿Qué
tengo yo que ver con el honor de un hombre? ¿De dónde ha venido mi muerte? Por
favor, no degüelles mi cuello.

(*Se va el espectro.*)

AGAMENÓN   ¡Ifigenia!

ULISES   (*Dándose cuenta de la locura de* AGAME-
NÓN. *Lo aparta de* HÉCUBA. *Da la orden a
los soldados que se dirigen hacia* POLÍXENA
para llevarla al altar.) ¡¡¡Apresadla!!!

POLÍXENA

¡No os acerquéis, hombres que habéis destruido mi tierra! ¡Que no me toque nadie! ¡Yo entregaré mi cuello! ¡Dejadme! ¡Dejad que muera libre! ¡Que arribe al reino de los muertos limpia de vuestra impudicia! ¡Adelante! ¡Aquí tenéis mi garganta! ¡Cortadla!

(POLÍXENA *se coloca sola ante el altar.* ULISES *toma el cuchillo y da comienzo al sacrificio.*)

ULISES

Dioses y tú, Aquiles, recibid la sangre intacta de esta pura garganta virginal que os ofrenda el ejército con el noble Ulises. Concedednos soltar las amarras y volver a la patria.

(ULISES *levanta el cuchillo.* HÉCUBA, *agarrada por* AGAMENÓN, *grita.*)

HÉCUBA

¡¡¡Bestias insaciables!!! ¿Es que no tiene límites vuestra naturaleza salvaje?

ULISES

Basta. Amordazad su boca.

(*Cortan el cuello a* POLÍXENA. *Los soldados se acercan al cuerpo para limpiarlo y recogerlo.*)

HÉCUBA

¡Apartaos, lobos carniceros! Habéis despedazado a mi cría y ahora venís con vuestras mandíbulas chorreantes de sangre a lamer sus heridas. ¡No la rocéis siquiera!¡ Fuera! ¡Es mi carne, son mis venas! (*A la* ESCLAVA.*) Esclava, toma ese ánfora y llénala con agua de mar. (*A ellos.*) Fuera. ¡Dejadme amortajar su cuerpo en soledad! ¡Dejadme sola!

SOM. IFIGENIA
/SOM. POLÍXENA   Bestias insaciables de odio y sangre. Vuestra naturaleza salvaje no conoce límites. No culpéis al destino ni a los dioses. Sois vosotros, los hombres. Es la ira, la soberbia, el poder, la gloria. Invadir y someter tierras y cuerpos. Ese es vuestro único credo. Arrasáis ciudades con violencia, hacéis leyes con violencia y con violencia queréis haceros respetar. Y mientras… mientras crece el monstruo de la muerte. Crecen los gritos de seres inocentes. Cortáis cuellos. Ponéis mordazas. De nada sirve la palabra. Solo os queda la voz de las armas.

Escena V

HÉCUBA *besa a* POLÍXENA *que desaparece.*
Vuelve la ESCLAVA *sin el cántaro y con el ca-*
dáver cubierto de Polidoro.

ESCLAVA   Hécuba, este mar ya no es más que agua
                 podrida. Está cargado de gritos y escupe
                 espuma negra.

HÉCUBA   ¡Ay de mi cabeza y de mi pecho! ¿Me traes
                 el cadáver de mi hija Casandra? ¿Es ella?
                 ¡Mírame y no agaches tu cabeza!

ESCLAVA   Mi señora… nombras a la que vive y no
                 gimes por este muerto. Lo encontré en la
                 orilla cubierto de algas.

HÉCUBA   ¡¡Polidoro!! ¿Quién te ha martirizado?
                 ¿Qué animal es capaz de mutilar miem-
                 bro a miembro el cuerpo de un niño?

ESCLAVA   Lo enviaste a Tracia. Lejos de esta guerra.
                 Crecía feliz al cuidado de un rey amigo.

HÉCUBA   Manos temblorosas, no soportan apenas
                 el peso de sus dedos, pero son capaces de

matar. ¡¡¡Poliméstor, rey de Tracia!!! ¡¡¡Traidor!!!

ESCLAVA   Se acerca Agamenón. Viene solo.

(Aparece AGAMENÓN. HÉCUBA *permanece de espaldas cubriendo el cadáver.)*

AGAMENÓN   ¡Hécuba! Cae la tarde. Las naves están preparadas. En breve mis soldados vendrán a por vosotras. La flota griega por fin regresa a la patria después de rescatar a Helena y someter a los bárbaros. El nombre de Agamenón resuena ya inmortal. *(Repara en que* HÉCUBA *llora un cadáver.)* ¿Quién es? ¿A qué troyano muerto cubres con tu cuerpo?

HÉCUBA   *(Para sí.)* ¿Qué debo hacer? ¿Suplicarle o soportar mis males?

AGAMENÓN   Hécuba, no soy adivino, gira tu rostro y eleva tu voz si deseas pedirme algo.

HÉCUBA   *(Para sí.)* Tengo que atreverme. Sin su ayuda, no podré vengar a mis hijos.

AGAMENÓN   Está bien. Me marcho. No seré yo quien se preocupe por un troyano.

HÉCUBA   ¡¡¡Es mi hijo!!!

AGAMENÓN   Desdichada Hécuba, ¿cuál de tus hijos es
                  este?

ESCLAVA   Ninguno de los que murieron al pie de las
                  murallas. Polidoro es su nombre.

AGAMENÓN   ¿Dónde estaba entonces cuando Troya su-
                  cumbió?

ESCLAVA   Bajo el cuidado del rey de Tracia.

AGAMENÓN   ¿De Poliméstor?

ESCLAVA   Sí. Hécuba lo envió junto a él para que lo
                  criase lejos de las armas. Cuando comen-
                  zó la guerra, este niño era apenas un re-
                  cién nacido.

AGAMENÓN   ¿Y lo ha matado él mismo?

HÉCUBA   ¿Y quién si no? ¡Esa rata ladrona y trai-
                  dora!

ESCLAVA   Con el niño iba gran parte del oro de Tro-
                  ya.

AGAMENÓN   ¿Quién trajo el cadáver?

ESCLAVA   Lo escupió el mar.

HÉCUBA   No tuvo ni compasión por darle una se-
                  pultura digna…

AGAMENÓN	Desgraciada Hécuba, no se rompe tu cadena de dolor.
HÉCUBA	Escucha, Agamenón, mi súplica. Si aún tienes compasión, sé tú mi brazo vengador ante ese sucio traidor que tantas veces compartió mesa en mi palacio.
ESCLAVA	En lugar de proteger a un niño, mutiló su cuerpo por ansia de oro. En lugar de darle una tumba digna, lo arrojó al mar. Esa alimaña… no respeta a los dioses ni a los hombres. Agamenón, nosotras somos esclavas y débiles, pero justa y poderosa debe ser la ley que nos gobierna; si no son castigados los que asesinan a niños inocentes, es que no hay justicia entre los hombres.
HÉCUBA	¡Mira el cadáver! ¡Es solo un niño!
ESCLAVA	Ofrece tu mano vengadora a esta anciana.
AGAMENÓN	Por consideración a los dioses y la justicia, deseo ayudarte. Sin embargo, me preocupa mi ejército. Si te ayudo, dirá que te defiendo porque tu hija Casandra es mi compañera de lecho. Y además, traicionaría a mi patria. El rey de Tracia es amigo de Grecia y este cadáver troyano es, en cambio, enemigo; Poliméstor, de hecho, ha llegado al campamento para renovar su pacto de amistad con los griegos. Ten

por seguro Hécuba, que no voy a hacer nada que Grecia y mis hombres no quieran.

ESCLAVA   No hay mortal que sea libre. Tú también eres esclavo de tu gloria y de tu pueblo. Siendo jefe, temes a tu ejército.

HÉCUBA   Yo te libraré de ese miedo. No ensucies tus manos de sangre. Pero no impidas que yo manche las mías.

AGAMENÓN   ¿Vas a matarlo tú misma? ¿Tú, una mujer sola y anciana? ¿Soportará tu mano el peso de una espada? ¿O buscarás aliados?

ESCLAVA   Su ejército está dentro de esas tiendas. Todas las mujeres cautivas troyanas. Una bandada de aves carnívoras atrapará la presa.

HÉCUBA   Solo te pido que te acerques a Poliméstor y le digas que Hécuba quiere revelarle dónde se esconde el tesoro de Troya en agradecimiento por haber cuidado a Polidoro todos estos años.

AGAMENÓN   Así será. Me apresuro. Los vientos comienzan a soplar.

(*Mutis.*)

Escena VI

HÉCUBA   Las manos de una madre hablan allí donde la justicia humana o divina calla.

ESCLAVA   No frenaré tu desesperación, Hécuba. La
venganza está en mi corazón y la muerte
en las fíbulas de nuestros peplos. No ocul-
to que golpean mi cerebro planes sangrien-
tos. La visión del cuerpo de un niño mutilado ha cegado mis ojos para siempre.
Que nunca más vea la luz del sol quien
cometió tal crueldad.

POLIMÉSTOR ¡Hécuba, viuda de Príamo, el más queri-
do de mis amigos! Lloro por tu ciudad
destruida. Lloro por tu hija recién degollada. Nada hay seguro en la vida. Puede
un mortal nacer en palacio y morir esclavo. Conocer en un mismo día la gloria y
el más vil desgarro. Los dioses, capricho-
sos, mezclan alegría con penas para que
no olvidemos el miedo. Pero dejemos los
cantos fúnebres. Lamentarse no aleja los
males. Así que dime, ¿qué necesidad tienes de mí, noble Hécuba? Puedes hablar
en confianza, aunque ahora seas esclava.

HÉCUBA	Rey Poliméstor, quisiera, antes de abandonar mi tierra, desvelarte un secreto; pero dime primero si mi hijo pequeño, cuya crianza te confié, se encuentra sano en Tracia.
POLIMÉSTOR	En esto, los dioses te quieren. Polidoro creció fuerte y libre de temores.
HÉCUBA	¿Y está a salvo el oro que llevaba consigo?
POLIMÉSTOR	A salvo, custodiado en mi palacio.
ESCLAVA	Siempre fuiste un hombre humilde y piadoso. Salvaste la vida de su hijo. Por eso, desea revelarte el lugar donde Príamo escondió el tesoro de Troya.
HÉCUBA	En el templo de Atenea bajo una roca negra.
POLIMÉSTOR	¿Está todo el oro allí?
HÉCUBA	Conseguí traer aquí algunas de mis joyas.
ESCLAVA	Quiere que se las entregues a Polidoro.
POLIMÉSTOR	¿Dónde están?
HÉCUBA	Guardadas en la tienda de las esclavas troyanas.

POLIMÉSTOR   ¿Es seguro su interior y hay ausencia de varones?

ESCLAVA   Ningún griego hay dentro. Entra sin miedo.

HÉCUBA   Yo acompañaré tus pasos.

(Entran HÉCUBA *y* POLIMÉSTOR *en la tienda de las troyanas.)*

ESCLAVA   Sé bienvenida, poderosa venganza, a esta tierra arrasada. Impío traidor, te precipitas a un abismo sin fondo donde aves carnívoras te arrancarán los ojos. No es Hécuba, es la justicia. No es Hécuba, son los dioses. No es Hécuba. Es la guerra.

(Mutis a la tienda.)

HÉCUBA   *(Desde la tienda.) La* justicia materna se cobra su deuda. Seré benévola. Evitaré que tu mirada sufra males iguales a los míos. Es inhumano que un padre vea a sus hijos desmembrados.

(Las troyanas sacan los ojos a POLIMÉSTOR *con las fíbulas de sus peplos mientras* HÉCUBA *sentencia.)*

POLIMÉSTOR   ¡Malditas mujeres! ¡Cuervas troyanas! ¡Habéis arrancado mis ojos! ¿Dónde estás, vieja? No conseguirás escapar. Destrozaré la tienda.

HÉCUBA

¡Golpea, destruye, arrasa, no dejes nada! Pero jamás volverá tu mirada. Mis manos de anciana son capaces de matar.

(*Sale* HÉCUBA *y* POLIMÉSTOR *con el rostro ensangrentado en busca de su presa.*)

POLIMÉSTOR

¿Por dónde ir? ¿Dónde he de girar? No te escondas, perra. Como una fiera montaraz caminaré sobre mis manos siguiendo la huella de tu olor. ¿En qué rincón estás agazapada? Y vosotras, aves carniceras ¿Adónde habéis huido? Siento cerca vuestros pasos furtivos. ¡Estáis ahí, malditas mujeres! Ojalá el sol curase mi párpado ensangrentado. Os despedazaría miembro a miembro hasta saciar mis ojos de sangre y entrañas. Como hace un lobo con un rebaño de ovejas, como hice yo con tu hijo, Hécuba. (*Agotado. Comienza a pedir ayuda.*) ¡Agamenón! ¡Hombres del ejército griego! ¡Ayudadme! ¿Es que nadie vendrá a socorrerme? ¡Por los dioses! ¿Nadie me oye?

(*Entra* AGAMENÓN *apresurado con algunos soldados*)

AGAMENÓN

El eco de tus gritos resuena por todo el campamento.

Poliméstor	Rey Agamenón, reconozco tu voz.
Agamenón	¡Poliméstor! ¿Quién te ha arrancado los ojos? ¿Quién te guarda tanto rencor?
Poliméstor	Hécuba con ayuda de las mujeres troyanas.
Agamenón	(A Hécuba.) ¿Te has atrevido, Hécuba, a cometer esta acción irremediable?
Poliméstor	¿Acaso está aquí ese cuervo? ¡Acércame hasta ella para despedazar todo su cuerpo!
Agamenón	Detente. Aleja la barbarie de tu pecho. Escucharé las palabras de ambos y aplicaré justicia.
Poliméstor	Hécuba me confió la crianza de su hijo pequeño el día en que vosotros llegasteis a las costas de Troya. Yo lo maté. Maté a ese niño. Pero escucha porqué. Temía que, cuando fuese adulto, levantase un ejército contra los griegos y quisiera vengar la destrucción de Troya. Hécuba, enterada de la muerte de su hijo, me hizo venir. Con engaños me metió en su tienda. Entonces esas cuervas sacaron de sus peplos puntiagudas fíbulas y me arrancaron los ojos.
Hécuba	¡Mientes, maldito seas! ¿Qué interés tienes en ayudar a los griegos? ¿Qué pretendes? ¡Mientes, Poliméstor, mientes! ¡El

oro y tu codicia mataron a mi hijo! ¿Por qué no lo entregaste vivo a los griegos? ¿Por qué no le has dado el oro a Agamenón ya que tanto presumes de haber obrado en su favor? ¡No, Poliméstor, no!

AGAMENÓN   Poliméstor, hiciste lo que, según nuestras leyes, no debía hacerse. Para los griegos, matar a un huésped es un acto infame. No podría absolverte. Puesto que obraste de forma impía, sufre ahora las consecuencias.

POLIMÉSTOR   Gozas en tu venganza, mujer maldita.

HÉCUBA   He vengado la muerte mi hijo.

POLIMÉSTOR   (*En trance profético.*) Te alegras de mi desgracia…, pero no te alegrarás cuando el barco te lleve a Grecia… caerás al mar y las olas te escupirán en mi tierra. Serás lapidada por los Tracios… y tendrás una tumba conocida como el Sepulcro de la Perra.

HÉCUBA   Desaparecer. Eso es lo que quiero. Me anuncias buena profecía.

POLIMÉSTOR   También morirá tu hija Casandra…, la matará Clitemnestra… la esposa de este y también te matará a ti, Agamenón.

AGAMENÓN   ¿Has perdido el juicio y deseas sufrir nuevos males?

POLIMÉSTOR   ¡Mátame si quieres! ¡En Micenas te espe-
             ra un baño... de sangre!

AGAMENÓN   (*A la escolta.*) ¡Llevadlo y arrojadlo a una
             isla desierta! (*Se llevan a* POLIMÉSTOR.) Y tú
             Hécuba, di a las cautivas que se despidan
             de esta arena; sopla el viento de nuevo.
             ¡Agamenón regresa triunfante a Grecia!

CORO A   Ya viene a lo lejos la fama.
             Ya viene a lo lejos la gloria.
             ¡Que enciendan hogueras y antorchas!
             Agamenón, pastor de hombres,
             enarbolando la victoria
             regresa triunfante de Troya.
             Viene trayendo riquezas
             repletas las naves de oro,
             de esclavas las naves repletas.
             ¡Pronto! ¡Avisad a la reina!
             ¡Decidle que su esposo llega!
             ¡Que suenen sonoras trompetas!
             ¡Que abran de par en par las puertas!
             ¡Nuestro ejército está de vuelta!
             Lo anuncia y retumba el ritmo marcial
             que marcan las armas de guerra:
             picas, lanzas, penachos, espuelas...
             Fieros guerreros marchando a compás
             hunden sus botas hiriendo la tierra.
             ¡Ya se acercan! ¡Avisad a la reina!
             ¡Decidle que su esposo llega!
             Agamenón, pastor de hombres,
             ya cruza la puerta de los Leones.
             ¡Honor al rey! ¡Llegó la victoria!

¡Gloria al rey! ¡Sacad las coronas!
¡Resuenen sonoras trompetas!
Regresa glorioso
de los bárbaros el verdugo,
el salvador de nuestra patria.
¡Cantad, griegos, un canto de alabanza!

Coro B   Silencio ¡Aquí no canta nadie!
Ahí dentro yace una hija muerta.
La degolló su propio padre.
Ese rey que ahora regresa triunfante.
Micenas. Palacio de Clitemnestra.
Esa casa esconde un río de sangre.
Silencio. ¿Podéis oír el silencio?
Silencio mutilado de tristeza.
Ahí dentro yace Ifigenia.
Luna tras luna su madre la vela.
bajo estremecidas estrellas.
¡Vamos! ¡Avisad al rey!
Decidle que su esposa lo espera.
¡Aquí no se enciende ninguna antorcha!
¡Ni saca nadie su corona!
Regresa Agamenón,
el matador de su hija.
Ya viene la soberbia.
Ya viene la ira.
¡Que se abran de par en par las heridas!
Sopla furioso el viento de regreso.
Silencio, griegos, silencio.

Acto Tercero
Escena I

Palacio de Micenas. Sobre sus murallas, un vigía está apostado. Es de noche. De repente, se enciende una cadena de antorchas.

VIGÍA

¡Victoria! ¡Victoria! Salve, luz mensajera de alegría para Grecia. ¡Victoria! ¡El fuego trae desde Troya la noticia de su conquista! Y también el descanso para este guardián. ¡Un año durmiendo al relente! ¡Sobre lecho de piedra! ¡Acechando esta ansiada señal! ¡A gritos voy a despertar a la mujer de Agamenón! ¡Que salte del lecho y prepare la bienvenida a su esposo! *(Gritando a las puertas de palacio.)* ¡Mi señora, Clitemnestra, abre tus ojos a la luz, despierta! ¡Hoy amanece de madrugada! ¡La ciudad de Príamo ha sido tomada! ¡Lo anuncia la antorcha con su resplandor! ¡Regresa Agamenón!

CLITEMNESTRA

(Saliendo de palacio.) ¿Qué dices? Se me escapa el alcance de tus palabras.

VIGÍA

¡Que Troya es ya de los griegos!

CLITEMNESTRA   La alegría me invade y me arranca lágrimas. ¿Quién trajo el mensaje? ¿Qué te hace creerlo?

VIGÍA   Hefesto, dios del fuego. Una hilera de antorchas y hogueras hermanas ha viajado desde Troya a Micenas, cruzando montes, campos y murallas. ¡Agamenón regresa victorioso!

CLITEMNESTRA   *(Al vigía.)* ¡Pronto! Hemos de llevar ofrendas al templo de Hera y preparar para mi esposo el recibimiento que merece.

(Mutis del vigía y de CLITEMNESTRA.*)*

CORO   Viene trayendo riquezas.
Repletas las naves de oro,
de esclavas las naves repletas.
Agamenón, pastor de hombres,
enarbolando la victoria
regresa triunfante de Troya.

AGAMENÓN   ¡Oh suelo patrio de mi tierra griega! ¡He llegado a ti con esta luz del amanecer después de diez años! ¡Palacio de mis antepasados! ¡Templo de Hera! ¡Acogedme benévolos! Y tú también, Zeus, protector de Micenas. Con tu ayuda, Agamenón vuelve coronado por la gloria y la fortuna. He sometido a esos bárbaros y he devuelto el honor a Grecia y a mi hermano.

Duros fueron los inviernos en Troya y muchos de mis hombres allí perecieron. No pocas de mis naves se ha tragado el mar enfurecido por los vientos. ¡Pero fuera los lamentos! El muerto no los oye y el vivo no debe sufrir por el recuerdo.

(*Sale* CLITEMNESTRA. *La acompaña el* VIGÍA *con una gran alfombra púrpura y algunos ciudadanos.*)

VIGÍA

Rey conquistador de Troya, ¿cómo debo saludarte? ¿Cómo rendirle honores al salvador de los griegos? Bienvenido a tu patria, hijo de Atreo.

AGAMENÓN

No dediques honores a tu rey, sino a los dioses, que votaron a favor de que triunfara la justicia y fuera la barbarie destruida. Con dolorosa muerte, la ceniza despide vapores de ruina en la tierra de Hécuba. Los troyanos han pagado por su ofensa. Un enorme caballo preñado de guerreros griegos atravesó su muralla y redujo a fuego sus casas. Vacié de hombres sus calles y a sus mujeres traigo como esclavas. En Troya cayeron muchos de los nuestros, pero lo hicieron por la patria y duermen ya en la gloria. ¡Prepara el altar! Celebraremos en honor de Zeus el sacrificio que esta ciudad le debe. ¡Y que la victoria permanezca en Grecia por siempre!

CLITEMNESTRA   Rey Agamenón. Durante años he tejido un sudario amenazada por los rumores incesantes que hablaban de tu muerte. Secas están las fuentes de mi llanto por tantas noches de insomnio pero después de tantos desvelos hoy puedo decir con gozo: he aquí el perro guardián de los establos, el timón de la nave, el agua para el caminante sediento, el día más bello después de la tormenta. ¡Que la envidia permanezca lejos de ti! Entra en palacio, rey, con el honor que conviene al vencedor. Los pies que aplastaron Troya no deben tocar la tierra. (*Al* VIGÍA.) Esclavo, ¿por qué te demoras en alfombrar el camino por donde ha de pisar mi marido? ¡Que quede al momento cubierto de púrpura marina, para que la justicia lo reciba!

AGAMENÓN   Hija de Leda, has hablado largamente, a la medida de mi ausencia. No me recibas con tanta pompa. Te diré que, como a un hombre, no como a un dios, me des honores. Sin necesidad de alfombras ni bordados, mi fama grita. No provoques la envidia tapizando mi senda, que a mí no deja de darme miedo, siendo solo un mortal, caminar sobre púrpura.

CLITEMNESTRA   ¿Temes a los dioses o a los hombres?

AGAMENÓN   No soy un impío.

CLITEMNESTRA ¿Qué hubiera hecho Príamo si hubiera vencido?

AGAMENÓN Caminar sobre púrpura.

CLITEMNESTRA No respetes, entonces, la censura humana.

AGAMENÓN La voz del pueblo es poderosa.

CLITEMNESTRA No es afortunado aquel a quien nadie envidia. Tus esfuerzos por la patria merecen este momento de gloria. Camina triunfante, héroe de Troya. Te espera tu hogar y un baño de aguas perfumadas. El mar, que cría púrpura para teñir mil alfombras, te sabrá perdonar.

AGAMENÓN Está bien. Que alguien me quite las sandalias. *(Pisa la alfombra.)* ¡El mar bajo mis pies! Siento que me adentro en un profundo abismo.

CLITEMNESTRA Mi alma ya enlutada se desangra. Mis venas, ríos de negra sangre, unen su cauce en un mar mortal. Te engulle su abismo profundo. Muere la gloria. Muere el honor. Muere el asesino de su hija. Muere Agamenón.

CORO Rey, te sientes poderoso al lado de Zeus, pero a la reina la impulsa la sangre de
[Ifigenia.

Ahí dentro hay una hija muerta.
Crepita el fuego que hierve
en calderas de bronce
el agua de un baño letal.
Aceites, perfumes invaden
un aire acechante en palacio.
Ya se despoja del manto.
¡¡¡Enjabona mi cuerpo!!!
El rey ordena furioso.
Empuña un hacha la reina.
¡Mírame a los ojos!
Al menos antes de morir.
¡Es mi hija!¡Son mis venas!

AGAMENÓN
/CLITEMNESTRA   ¡¡¡Ifigenia!!!

(CLITEMNESTRA *corta el cuello a* AGAMENÓN.)

CLITEMNESTRA   Si antes dije palabras que exigía este trance y ahora proclamo lo contrario, no siento vergüenza. Ciudadanos de Micenas. Este es Agamenón. Muerto. Soy Clitemnestra. Y he matado a mi marido. He cortado su cuello. La sangre inundó el baño de bilis negra. Aquí estoy. Yo lo hice. Todo está ante vuestros ojos. Y ahora, juzgadme. ¿Qué haríais si clavaran un cuchillo en vuestras carnes?

CORO   (*Susurra los insultos eternos que la literatura ha escrito de* CLITEMNESTRA.) Odioso monstruo… víbora terrible… pérfida… impía… asesina…

CLITEMNESTRA Ahora, me condenáis al exilio, a la ira de los ciudadanos y a los insultos eternos, pero nada hicisteis contra este hombre cuando sin escrúpulos degolló a su propia hija, fruto de mis entrañas, con la excusa de una guerra necesaria. ¿Quiénes son aquí los culpables? ¿Los dioses? ¿Los enemigos ¿El destino?

CORO Estás ebria del crimen de sangre que mancha tu rostro. Tu hijo Orestes vengará esta impía muerte.

(Como una visión de futuro, aparece Orestes y asesina a CLITEMNESTRA.*)*

SOMBRA DE IFIGENIA *(Ante el cadáver de su madre.)*
Se aviva la llama del odio. Como ofrenda a los vientos prendió mi padre este fuego degollando mi cuello. Pero muerte a muerte engendra. Mata el hijo a la madre que al marido dio muerte. Tres muertes. Tres manos asesinas. Un juicio. Una sola culpable en la historia: mi madre. Clitemnestra. De ella es la culpa eterna. Los dioses y los hombres imponen un nuevo orden. ¡Todas las madres tiemblan!

Sombra de Clitemnestra

Sobre esta arena camino.
Siguiendo el rastro de sangre de mi hija.
Tragando sangre de sus venas cortadas.
Con las manos inundadas de sangre
[paterna.
Entro al reino de las sombras.
Te sigo. Te busco, Ifigenia.

Escena II

Inframundo.
Entre tinieblas, las sombras de HÉCUBA *y*
CLITEMNESTRA.

SOMBRA DE CLITEMNESTRA
> (*A la* SOMBRA DE HÉCUBA.) Aquí, en el Infra-
> mundo, hace frío. Y es todo muy oscuro…

SOMBRA DE HÉCUBA
> …pero a tientas entre la oscuridad y las
> tinieblas seguiremos gritando… en este
> útero de la tierra, en esta ciudad invisible
> de las sombras sin nombre…

SOMBRA DE CLITEMNESTRA
> …hasta que nuestra voz atraviese la roca
> abriendo una inmensa boca de luz.

SOMBRA DE HÉCUBA
/SOMBRA DE CLITEMNESTRA
> (*Al público.*) ¡La mató a sangre fría! ¡En
> medio del ejército! Imponiendo el poder
> de la fuerza.

> (*Aparece la sombra de* IFIGENIA *y de* POLÍ-
> XENA.)

Sombra de Políxena
/Sombra de Ifigenia

¡A sangre fría! Cercada por su muralla de soldados. A mi cuello lanzó su jauría de perros recién desatados.

Sombra de Hécuba
/Sombra de Clitemnestra

Tus gritos ahogados en la garganta se clavaban en mi vientre como cristales cortantes. ¡Mataron la justicia de la vida! ¡La justicia de las madres! Y ya no tuve miedo de arder.

Sombra de Clitemnestra
/Sombra de Hécuba
/Sombra de Políxena
/Sombra de Ifigenia

Como animales, marcaron con hierro candente nuestra piel.

Sombra de Hécuba
/Sombra de Clitemnestra

No nos dieron voz. Solo dolor y silencio.

Sombra de Clitemnestra

¡Calla y vete a casa!, gritaba.

Sombra de Hécuba

¡Amordazad su boca!

SOMBRA DE HÉCUBA
/SOMBRA DE CLITEMNESTRA
¿Y mi dolor?

SOMBRA DE CLITEMNESTRA
¡Calla y espera al héroe!

SOMBRA DE HÉCUBA
¡Obedece y calla!

SOMBRA DE HÉCUBA
/SOMBRA DE CLITEMNESTRA
¿Y no he de sentir rabia?
Desamparada. Desangrada en soledad.
La rabia muta en furia lenta.
Se revuelve. Se atorbellina. Arde. Revienta.
¿Qué debía hacer? ¿Enterrar y callar?
No nos dieron voz. Solo dolor y silencio.

SOMBRA DE POLÍXENA
/SOMBRA DE IFIGENIA
Gritaremos hasta que nuestra voz atra-
viese la roca abriendo una inmensa boca
de luz.

(*Silencio.* SOMBRA DE HÉCUBA y SOMBRA DE
POLÍXENA *se alejan.* SOMBRA DE IFIGENIA *se
retira hacia proscenio.*)

SOMBRA DE CLITEMNESTRA
Ifigenia, ¿dónde estás? ¿Ya te fuiste otra
vez?

SOMBRA DE IFIGENIA

¡Madre! Se han disipado las tinieblas. Puedo ver el mundo de los vivos. Un mar rojo de venas abiertas inunda la tierra, el cielo refleja la luz de la sangre; pero... hay hombres y mujeres que llevan rosas entre las manos ensangrentadas. Hablan de nosotras, madre, conocen nuestros nombres. Hablan de heridas abiertas, de tu dolor...

SOMBRA DE CLITEMNESTRA

¿Entonces llegó nuestra voz?

SOMBRA DE IFIGENIA

Llegó, madre.
Se acabó tu silencio.
Se acabó tu culpa eterna.

SOMBRA DE CLITEMNESTRA

¡La luz es nuestra!
Ifigenia, Ifigenia mía, Ifigenia.

Fin.

Esta primera edición de *Ifigenia*,
de Silvia Zarco, terminó de imprimirse
en julio de dos mil veinticuatro,
en Madrid.